Inhalt

Speicher-Technologie - Innovationen bei den Speichermedien boomen

Kernthesen

Beitrag

Fallbeispiele

Weiterführende Literatur

Impressum

GENIOS WirtschaftsWissen Nr. 07/2007 vom 05.07.2007

Speicher-Technologie - Innovationen bei den Speichermedien boomen

M. Westphal

Kernthesen

- Rechtliche Anforderungen aber auch die Entwicklungen bei Wohnzimmer-PCs lassen den Speicherbedarf ins unermessliche steigen.
- Die Anforderungen an die Speichertechnologie werden beeinflusst durch schnellere Zugriffszeiten und sinkenden Strombedarf.
- Die Anbieter von Speichermedien übertreffen sich gegenseitig mit

Innovationen zu traditionellen Produkten mit bisher ungeahntem Speicherplatz wie auch komplett neuen Produkten.

Beitrag

Speicher werden von den Nutzern selten als wesentlicher Bestandteil ihrer Computer angesehen. Die steigenden Anforderungen an die Speichertechnologie führen aber zu mächtigen Innovationsschüben und damit berechtigtem Interesse, sich genauer mit den Entwicklungen und ihren Auswirkungen auf die Rechner-Performance zu beschäftigen.

Der Markt für Speichermedien sieht sich großen Veränderungen gegenüber

Das Speichern von Daten gehört für jeden Computer-Anwender zur normalen Routine. Die Datenhalde wächst rapide und die meisten Daten werden kaum einmal wieder genutzt. So werden laut Untersuchungen über 50 Prozent der einmal abgespeicherten Daten nie wieder angeschaut. Alleine vertragsrechtliche, juristische und rechtliche

Anforderungen verlangen das Sammeln von verschiedenen Dokumenten in digitaler Form. (1)
Trotz ständig fallender Preise für Speicher, lebt eine ganze Branche sehr gut mit dem Verkauf von Speichern und entsprechendem Datenmanagement. (1)
Hersteller von Festplattenlaufwerken und Halbleiterspeichern für Datenspeicherung sehen sich in einem starken gemeinsamen Wettbewerb, der ihre Entwickler zu ständig neuen Innovationen anheizt. Neben der Terabyte-Platte von Hitachi hat Sandisk sein Flash-Laufwerk, die Solid State Disk (SSD) mit 32 Gigabyte vorgestellt. (7)
Die technischen Entwicklungen bringen viele Innovationen auf den Markt, führen aber auch dazu, dass verschiedene traditionelle Speichermedien vom Markt verschwinden.

Hybrid-Festplatten sollen die PC-Performance beschleunigen

Festplattenhersteller haben sogenannte Hybrid-Festplatten vorgestellt. Diese bestehen aus einer normalen Festplatte und einem Flash-Speicher von 256 Megabyte. Der Vorteil einer solchen Lösung liegt in der Steigerung der Performance und dem Senken des Energiebedarfs. Häufig benötigte Daten werden im Flash-Speicher abgelegt, so dass dafür nicht auf

die rotierenden Scheiben zugegriffen werden muss. Die Akkulaufzeit von Notebooks könnte sich so deutlich verlängern und ein Windows-Start könnte doppelt so schnell wie mit herkömmlichen Festplatten erfolgen. Wann diese neuen Festplatten auf den Markt kommen werden ist noch nicht bekannt. Eine Voraussetzung ist bis jetzt aber auch die Nutzung von Windows Vista. (2)
Die Hersteller von Festplatten erwarten, dass diese Hybrid-Platten das Überleben der Festplatten noch auf Jahre hinaus sichern werden. Das kann in höheren Gewinnmargen resultieren. Der Marktführer Seagate will sich in diesem Segment als Marktführer etablieren und hat daher angekündigt bis zum Jahresende 75 Prozent seiner Festplatten mit dieser Technologie auszurüsten. In dieser Branche dürfte der Standard bei 50 Prozent liegen. (6)

Traditionelle Festplatten bekommen durch neue Speichertechnologien viel Speicherplatz

Aber auch bei herkömmlichen Festplatten gibt es Neuerungen. Die Perpendular Recording Technologie erlaubt beim Speichern eine deutliche Steigerung der

Datendichte und somit ein deutliches Anwachsen der Speicherkapazität. (6)
Hitachi hat die erste Festplatte vorgestellt, die einen TeraByte Daten speichert.
Ziel ist es, in einem heute üblichem 3,5 Zoll-Laufwerk, bis zum Jahre 2016 25 TeraByte Daten speichern zu können. Die neue Speichertechnologie mittels Perpendular Recording soll hier die Möglichkeit schaffen, diese extremen Datenmengen auf einem solch kleinen Medium speichern zu können. Beim Perpendular Recording wird senkrecht zur Festplattenebene gespeichert. Allerdings gibt es inzwischen schon wieder neue Verfahren, die eine noch engere Beschreibung und in Zukunft dann noch mehr Datenmengen auf diesen Speichermedien ermöglichen sollen. So gehört der Technik "heat assisted magnetical recording" die Zukunft. (7)
Gerade mit der Vorstellung des neuen großen Festplattenlaufwerks wird wohl weniger der Büro-PC adressiert als vielmehr der Wohnzimmer-PC, der hochauflösende Spielfilme speichern muss. Hitachi katapultierte den Wettbewerb mit den Herstellern von Flash-Speichern in eine neue Ebene. (7)

Flash-Bausteine erobern jetzt den gesamten Speichermarkt

Samsung hat eine so genannte Solid State Disk (SSD) vorgestellt, die ein reines Flash-Laufwerk darstellt. Eine solche Flash-Disk kommt komplett ohne bewegliche Teile aus, die gerade im mobilen Einsatz Schaden nehmen könnten. Der Standard-SATA-Anschluss ermöglicht den problemlosen Einbau in Laptops. Das führt zu einer größeren Robustheit dieses Speichermediums und damit eben auch von Laptops gegenüber Erschütterungen. Ebenso werden temperaturbedingte Umgebungseinflüsse besser vertragen. Außerdem sind diese Flash-Disks komplett geräuschlos und verbrauchen deutlich weniger Strom. Die Lebensdauer dieser Medien ist mit 1 000 000 Stunden deutlich höher als die von Standard-Laufwerken. Der Lesezugriff ist wesentlich schneller. Samsung bietet bei einer 2,5 Zoll-Einbau-Flash-Disk immerhin schon einen Speicherplatz von 32 Gigabyte an. Die Kosten betragen derzeit etwa 260 Euro. Ein Wechseln gegen die eingebaute Festplatte, die derzeit ja zwischen 50 und 200 Gigabyte Speicherplatz anbietet, würde also Speicherplatz kosten, aber eben Laufzeit und Geschwindigkeit gewinnen. (2), (8), (9)

Im zweiten Quartal 2007 erwartet der Hersteller Sandisk eine SSD mit der verdoppelten Speicherkapazität von 64 Gigabyte anbieten zu können. Sandisk strebt aber trotz des für Jedermann wirklich leichten Einbaus keinen Handel der Flashdisks als Einzelprodukte in Geschäften an.

Zunächst ist nur ein OEM-Angebot an Notebook-Hersteller geplant. (8)
Die NAND-Chips, wie diese Flashspeicher auch genannt werden, kommen bisher vor allem in MP3-Playern und digitalen Kameras zum Einsatz. DRAM-Chips, die als Arbeitsspeicher in Computern zum Einsatz kommen sind eine Variante der NAND-Chips. (6)

Wie entwickeln sich andere traditionelle Speichermedien?

Die sich weiter entwickelnde Speichertechnik führt auch dazu, dass alt bekannte Medien vom Markt verschwinden. Der Medienspezialist Imation hat die Einstellung seiner Disketten-Fabrikation bis Mitte 2009 beschlossen. Auch die Produktion von Tape-Produkten wird begrenzt. (3)
Bandlaufwerke spielen in Unternehmen immer noch eine große Rolle, wenn es um Datensicherung geht. Allerdings hat sich diese Branche in der jüngeren Vergangenheit konsolidiert. So sind auf der diesjährigen CeBIT deutlich weniger Anbieter präsent gewesen als in den vergangenen Jahren. (10)

Weitere andere innovative Ansätze für Speichermedien

Als mobiles Speichermedium hat sich der USB-Stick inzwischen etabliert. Die aktuellen Modelle können bis zu 16 Gigabyte speichern. Die Einführung des Microsoft-Betriebssystems Vista ermöglicht neue Einsatzszenarien dieser Speichersticks. Unter dem Logo "Enhanced for Windows ReadyBoost" kann der USB-Stick als Windows-Zwischenspeicher genutzt werden. So kann gerade auf speicherarmen Systemen das Arbeitstempo erhöht werden. (10)
Der Anbieter Pretec vermarktet unter dem Motto "Store with Innovation" eine Kombination des kleinsten USB-Flashdrives mit RFID-Technologie. Das in einem robusten und auch wasserfesten Gehäuse angebotene Gerät lässt sich in Geräte integrieren, die zum einen Speicher benötigen aber eben auch Identifikationsmöglichkeiten. In Krankenhäusern, Flughäfen, Warenlagern oder auch POS-Systemen kann es als Zugangskontrolle wie aber z. B. auch zur Vermögens- oder Inventarkontrolle genutzt werden. Vor allem die kleine Größe ermöglicht es, dieses Device als tragbare Patientenakte oder zur bequemen persönlichen Identifikation zu nutzen. Für ausgewählte Kunden gibt es sogar schon Prototypen mit 128 Megabyte bis zu 1 Gigabyte Speicher. Im zweiten Quartal dieses Geschäftsjahres soll die

Massenproduktion anlaufen. Das amerikanische Unternehmen Inphase hat nach jahrzehntelanger Forschung inzwischen marktreife holografische Speicher entwickelt, die noch in diesem Jahr in die Serienproduktion gehen sollen. Ab 2008 ist angedacht, diese Speicher in wiederbeschreibbarer Form anzubieten. Bei einer Holografie wird von einem Laser ein dreidimensionales Bild erstellt. Diesen Ansatz gibt es schon seit den 60er Jahren, aber erst die inzwischen deutlich günstiger und präziser gewordene Lasertechnologie hat diese Vision der holografischen Speicherung von Daten ermöglicht. Das in zwei Strahlen geteilte Licht des Lasers kann in einem Strahl die Daten transportieren, während der andere Strahl als Referenz zum Auslesen benötigt wird. Bei Überlagerung der beiden Lichtbündel entsteht ein Hologramm. Die Datenbits werden in dem Signalstrahl als hellere und dunklere Pixel dargestellt. Die Überlagerung der Strahlen führt zu einer Reaktion des Trägermaterials, das die Speicherung der Informationen dann ermöglicht. Eine Änderung der Wellenlänge oder des Einfallswinkels ermöglicht die Speicherung weiterer Daten am gleichen Ort. Das Medium ist eine zwischen zwei Plastikschichten laminierte 1,5 Millimeter dicke Polymerschicht. Inphase stellte inzwischen Speichermedien inklusive der dazugehörigen Laufwerke von bis zu 300 Gigabyte vor. Der Preis liegt bei etwa 180 US-Dollar für den Speicher, das

Laufwerk schlägt derzeit noch mit 18 000 US-Dollar zu Buche.
Inphase ist damit beschäftigt, diese Technologie auch für kleinere Medien, die in Handys, PDAs oder MP3-Spielern genutzt werden könnten zu entwickeln. So kann eine Holo-Disk von der Größe einer Briefmarke bis zu 25 Gigabyte speichern. Das würde einem Volumen von bis zu 6 000 Musiktiteln entsprechen. Allerdings befinden sich die entsprechenden Entwicklungen noch im Anfangsstadium. Der Vorteil holografischer Speicher liegt auch darin begründet, dass sie aufgrund ihrer Technologie sicherer sind und die Haltbarkeit der Medien deutlich höher ist. Von mit Licht beschriebene Medien wird erwarten, dass sie etwa 100 Jahre halten, wohingegen DVDs und CDs nicht länger als fünf Jahre halten. Auch Magnetbänder haben mit einer Lebensdauer von 30 bis 50 Jahren nicht diesen Lebenshorizont. (11) Holografische Systeme blicken auf eine lange Entwicklungszeit zurück. Diese ist von den Herstellern magnetischer Festplatten dazu genutzt worden, die Speicherdichte durch neue Speicherverfahren und damit das speicherbare Datenvolumen, welches ja inzwischen schon 1 Terabyte schafft, deutlich zu erhöhen. (11)

Fallbeispiele

Auch Apple will ein Sub-Notebook auf den Markt bringen. Schon seit Monaten kursieren Gerüchte, dass ein solches Gerät bald verkauft werden sollte. Nachdem zunächst der Sommer 2007 als Verkaufsstart avisiert war, ist jetzt aber erst von einem Termin Ende des Jahres die Rede. Die Besonderheit des Apple-Gerätes ist der NAND-Flashspeicher, der anstelle einer Festplatte verbaut wird. Allerdings äußern Analysten von Gartner ihre Zweifel daran, dass Apple diese neue Speichertechnologie wirklich schon nutzen wird. Der Preis dafür ist bei einem Bruchteil der Speicherkapazität einfach noch zu hoch. (5) (6)

Die amerikanische Firma Adtron bietet im Moment die HighEnd-Versionen der Flashdisks an. Ihre Modelle bieten mit 160 Gigabyte derzeit eine Kapazität an, die das Maximum darstellt was technisch überhaupt möglich ist. Allerdings hat diese "Einzigartigkeit" auch ihren Preis. So verlangt Adtron derzeit umgerechnet etwa 8 000 Euro für seine Produkte. Die Adtron-Disks ermöglichen auch das Zusammenschalten in einer Array-Funktion, um so wahre Speicher-Giganten zu schaffen. (9)

Samsung hat schon vor einem Jahr einen

Mobilrechner mit Flash-Speicher vorgestellt, nur als Prototyp. Sony dagegen verkauft seinen Micro-PC VGN-UX390N inklusive einem 32Gigabyte großen Flash-Speicher. (9)
Flash-Disks mit 128 Gigabyte wurden von dem taiwanesischen Hersteller A-Data auf der diesjährigen CeBIT vorgestellt. Die Firma Transcend hat 8 Gigabyte-Versionen im 1-Format im Angebot, die in Consumer-Geräten genutzt werden können. (10)

Weiterführende Literatur

(1) Patalong, Frank, Wachsende Datenhalde, Spiegel Online, 17.05.2007
aus Computer Zeitung, Heft 13, 2007

(2) Computex: SATA-Ramdisk soll Solid State Disk Konkurrenz machen
aus tecChannel.de Online, Meldung vom 09.06.2007

(3) Imation sagt den Disketten Good Bye
aus PC-Welt Online, Meldung vom 11.05.2007

(4) Flash-Speicher überrollt Harddisk
aus tecChannel.de Online, Meldung vom 03.05.2007

(5) Das jüngste Gerücht: Sub-Macbook soll erst im Januar kommen
aus Macwelt Online, Meldung vom 30.04.2007

(6) Die Winzlinge machen mobil Kleiner, schneller, sparsamer: Chips werden schon bald die Magnetspeicher in tragbaren Computern ablösen. Dennoch sollten Anleger die Aktien der Festplattenhersteller noch nicht links liegen lassen.
CHIP VERSUS FESTPLATTE
aus Börse Online vom 04.04.2007, Seite 40

(7) Die Riesenfestplatten zielen auf das Wohnzimmer
aus VDI NR. 15 VOM 13.04.2007 SEITE 10

(8) O.V., Nachteil ist der hohe Preis, Flash-Speicher mausert sich zur Festplatten-Alternative, Handelsblatt online, 21.03.2007
aus VDI NR. 15 VOM 13.04.2007 SEITE 10

(9) Kremp, Matthias, Flash schlägt Festplatte, Spiegel Online, 13.03.2007
aus VDI NR. 15 VOM 13.04.2007 SEITE 10

(10) Speichertechnik auf der CeBIT
aus c't - Magazin für Computertechnik, 6/2007, S. 28

(11) Laserlicht speichert riesige Datenmengen
aus Handelsblatt Nr. 038 vom 22.02.07 Seite 18

(12) Speichermedium Abschied von der Floppy-Disk
aus HANDELSBLATT online 13.02.2007 14:15:00

Impressum

Speicher-Technologie - Innovationen bei den Speichermedien boomen

Bibliografische Information der deutschen Nationalbibliothek

Die Deutsche Nationalbibliothek verzeichnet diese Publikation in der deutschen Nationalbibliografie; detaillierte bibliografische Daten sind im Internet über http://dnb.d-nb.de abrufbar.

ISBN: 978-3-7379-0330-1

© 2015 GBI-Genios Deutsche Wirtschaftsdatenbank GmbH, Freischützstraße 96, 81927 München, www.genios.de

Alle Rechte vorbehalten. Dieses Werk ist einschließlich aller seiner Teile – z.B. Texte, Tabellen und Grafiken - urheberrechtlich geschützt. Jede Verwertung außerhalb der Grenzen des Urheberrechtsgesetzes bedarf der vorherigen Zustimmung des Verlags. Dies gilt insbesondere auch für auszugsweise Nachdrucke, fotomechanische

Vervielfältigungen (Fotokopie/Mikroskopie), Übersetzungen, Auswertungen durch Datenbanken oder ähnliche Einrichtungen und die Einspeicherung und Verarbeitung in elektronischen Systemen.